Per Avery

Mamma e papà ci dicono che è importante...

Provare nuovi cibi - come lo STUFATO...

Non mi dispiace la maggior parte delle volte...

MENSA SCOLASTICA

A meno che non ci sia un ewww nel mio STUFATO!

EWWW!

Potrei chiudere gli occhi e immaginare qualcos'altro nel mio piatto...

Potrei far finta che sia qualcosa di delizioso!

Ma con lo STUFATO devo tapparmi il naso per ingannare lo stomaco!

Invece, probabilmente mi limiterò a SALTA, SALTA, SALTA E DIRE CHE C'È UN EWWW NEL MIO STUFATO!

Ma sta accadendo qualcosa di strano nel mio Bowl....

Sta ribollendo e girando davanti ai miei occhi!

Aspetto un minuto e appaiono delle lettere.
Le conto:
Uno, due, tre.

Poi altre lettere...

Gira e rigira...

Muoversi e scatenarsi...

Finché non ci sarà una

nel mio STUFATO!

Allora un

Seguito da un

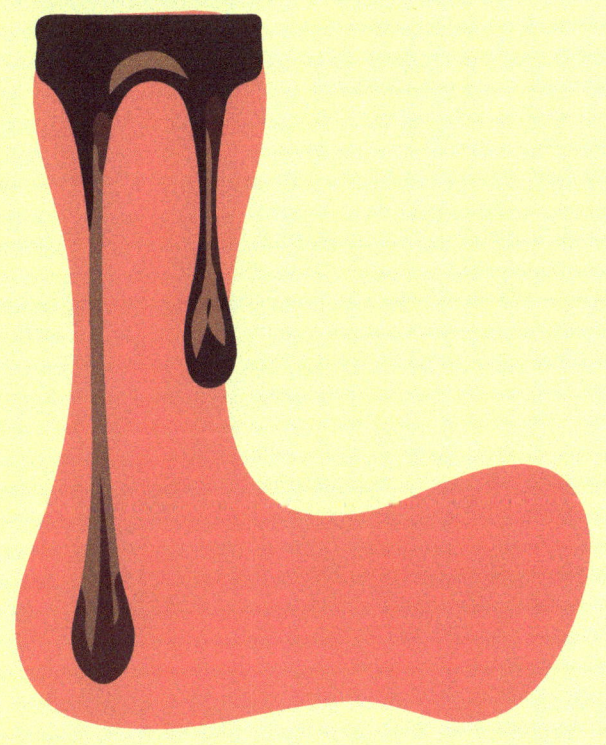

Allora un

Le lettere del mio STUFATO scrivono la parola: MELA.

ADORO LE MELE!!!

ADORO LA TORTA DI MELE!

Ne prendo un cucchiaio, ma qualunque cosa faccia... è sempre la stessa...

EWWW STUFATO!

**Presto le lettere
ricominciano a
muoversi e questa
volta girano e rigirano!**

Finché l'EWWW STUFATO non mi sputa inaspettatamente in un occhio e io urlo!

"Cosa c'è che non va, figliolo?" chiede papà.

Mi strofino gli occhi e penso a cosa dire.

Prima che io possa rispondere, le lettere sono già ripartite e ne arrivano di nuove:

Io sussulto e la mamma chiede: "Fa troppo caldo, tesoro?"

Scuoto la testa mentre guardo le lettere che girano fino a comporre la parola ANT.

SALTA SALTA SALTA E DI' C'È UN EWWW NEL MIO STUFATO!

La vecchia parola scompare...

E le lettere diverse le sostituiscono...

Le nuove lettere sono ricoperte da una goccia verde!

SÌ, LA MELMA VERDE E APPICCICOSA È NEL MIO STUFATO!

Urlo e mio fratello maggiore mi dà un calcio sullo stinco sotto il tavolo.

Trattengo il respiro mentre le lettere iniziano a girare e rigirare finché...

SALTA SALTA SALTA PERCHÉ ORA C'È....

POLTIGLIA VISCIDA ARANCIONE NEL MIO STUFATO!

SUSSURRO: "OH NO!" E MI COPRO IL VISO.

"Se oggi non sei in vena di stufato", dice la mamma...

"Va benissimo se lo provi in un altro giorno!"

Tiro un sospiro di sollievo... poi un occhio nel mio EWWW STUFATO mi fa l'occhiolino!

Sono così felice,
che
SALTA, SALTA, SALTA...

E DI' C'È UN EWWW
NEL MIO
STUFATO!

NON MI PIACEVA MANGIARE

EWWW
STUFATO!

Serie di salti in italiano:

SALTA E DI' DA-DO-DO-DO!

Jump-Serie in inglese:

Salta come un caribù!
Salta come un canguro!
Salta e di' P.U.!
Salta e di' che è San Valentino!
Anche per i bambini!
Salta e cerca un indizio!
Salta su tutto ciò che è blu!
Salta e di' "Buona Pasqua"!
Salta e di' Cock-A-Doodle-Do!
Salta e canta Da-Do-Do-Do!
Salta e chiedi chi? CHI?
Salta e urla come un cacatua!
Salta e chiedi: Sei tu o la pecora?
Salta su e di': Buon Natale!
Salta su e di': "Buon anno"!
Salta su e di' che c'è un moo-moo in tutù!

Salta e di' che ho una lepre tra i capelli!
Salta su e di' che mia zia ha mangiato una formica!
Salta su e dì che c'è un oritteropo nel parco divertimenti

FILA DI APPLAUSI:
APPLAUDIRE PER 1!
Applauditez pour 2!
Applaudite per 3!
Applausi per 4!
Applausi per il 5!
Applausi per il 6!
Applausi per il 7!
Applaudire per l'8!
Applaudisci per 9!
Applaudissez pour 10 !

Altri libri per bambini:
Le chat qui disait bonjour
Les trois rochers
Billy Shakespeare
Billie Shakespeare
Apprendi a disegnare con simmetria

Saggistica
103 idee per raccogliere fondi per i genitori di volontari per conto di scuole e squadre

www.ingramcontent.com/pod-product-compliance
Lightning Source LLC
Chambersburg PA
CBHW051247120626
46547CB00014B/1837